AF359711

ALPHABET

DU MAITRE CHAT,

OU LE CHAT BOTTÉ,

CONTENANT :

1°. De grosses lettres, et les ba, be, bi, bo, bu, etc.;
2°. Les mots d'une, deux, trois, quatre, cinq, et six syllabes, le tout bien divisé ;
3°. De petites phrases instructives, divisées, pour faciliter les enfants à épeler, le tout en très-gros caractères.

—=o=—

DE L'IMPRIMERIE DE C.-F. PATRIS.

A PARIS,

Chez LOCARD et DAVI, Libraires, rue de Seine, faubourg Saint-Germain, n°. 54, et au Palais Royal, galerie de bois, n° 246, attenant au Cabinet littéraire.

1818.

A B C D

E F G H

I J K L

M N O P

Q R S T

U V X Y Z.

a b c d

e f g h

i j k l

m n o p

q r s t

u v x y z.

A	B	C	D
E	F	G	H
I	J	K	L
M	N	O	P
Q	R	S	T
U	V	X	Y	Z.

---

a	b	c	d	e
f	g	h	i	j
k	l	m	n	o
p	q	r	s	t
u	v	x	y	z.

(5)

Les lettres doubles.

æ   œ   fi   ffi

fi   ffi   fl   ffl

ff   fb   fl   ff

ft   W.

PONCTUATION.

Apostrophe (') l'orage
Trait d'union (-) porte-feuille
Guillemet («)
Parenthèses ( )
Virgule (,)
Point et virgule (;)
Deux points (:)
Point (.)
Point d'interrogation (?)
Point d'exclamation (!)

Voyelles.

a e i ou y o u

Syllabes.

ba be bi bo bu

ca ce ci ço cu

da de di do du

fa fe fi fo fu

ga ge gi go gu

ha he hi ho hu

ja je ji jo ju

ka ke ki ko ku

la   le   li   lo   lu

ma   me   mi   mo   mu

na   ne   ni   no   nu

pa   pe   pi   po   pu

qua   que   qui   quo   qu

ra   re   ri   ro   ru

sa   se   si   so   su

ta   te   ti   to   tu

va   ve   vi   vo   vu

xa   xe   xi   xo   xu

za   ze   zi   zo   zu

ab	eb	ib	ob	ub
ac	ec	ic	oc	uc
ad	ed	id	od	ud
af	ef	if	of	uf
ag	eg	ig	og	ug
ah	eh	ih	oh	uh
ak	ek	ik	ok	uk
al	el	il	ol	ul
am	em	im	om	um
an	en	in	on	un
ap	ep	ip	op	up
aq	eq	iq	oq	uq
ar	ir	er	or	ur
as	es	is	os	us

at	et	it	ot	ut
av	ev	iv	ov	uv
ax	ex	ix	ox	ux
az	ez	iz	oz	uz

---

bla	ble	bli	blo	blu
bra	bre	bri	bro	bru
cha	che	chi	cho	chu
cla	cle	cli	clo	clu
cra	cre	cri	cro	cru
dra	dre	dri	dro	dru
gla	gle	gli	glo	glu
gna	gne	gni	gno	gnu
gra	gre	gri	gro	gru
pha	phe	phi	pho	phu

pla ple pli plo plu
pra pre pri pro pru
tla tle tli tlo tlu
tra tre tri tro tru

Lettres accentuées.

é   (aigu)
à è ù   (graves)
â ê î ô û   (circonflexes)
ë ï ü   (tréma)
ç   (cédille)

———

Pâ-té   Mè-re
Le-çon   Mê-me
Maî-tre   A-pô-tre
Hé-ro-ï-ne.

Mots qui n'ont qu'un son,
ou *qu'une syllabe.*

Pain	Vin
Chat	Rat
Four	Blé
Mort	Corps
Trop	Moins
Art	Eau
Marc	Veau
Champ	Pré
Vent	Dent
Vert	Rond.

Mots à deux sons, ou deux
syllabes à épeler.

Pa-pa	Cou-teau
Ma-man	Cor-don
Bal-lon	Cor-beau
Bal-le	Cha-meau
Bou-le	Tau-reau
Chai-se	Moi-neau
Poi-re	Ton-neau
Pom-me	Mou-ton
Cou-sin	Ver-tu
Gâ-teau	Vi-ce

Mots à trois sons, ou trois syl-
labes à épeler.

Or-phe-lin
Scor-pi-on
Ou-vra-ge
Com-pli-ment
Nou-veau-té
Cou-tu-me
Mou-ve-ment
His-toi-re
Li-ber-té
Li-ma çon

A-pô-tre
Vo-lail-le
Ci-trouil-le
Mé-moi-re
Car-na-ge
Ins-tru-ment
Su-a-ve
Fram-boi-se
Gui-mau-ve
U-sa-ge

Mots à quatre sons , ou quatre syllabes à épeler.

E-ga-le-ment
Phi-lo-so-phe
Pa-ti-en-ce
O-pi-ni-on
Con-clu-si-on
Zo-di-a-que
E-pi-lep-sie
Co-quil-la-ge
Di-a-lo-gue
Eu-cha-ris-tie.

Mots à cinq sons, ou cinq syl-labes à épeler.

Na-tu-rel-le-ment
Cor-di-a-li-té
Ir-ré-sis-ti-ble
Cou-ra-geu-se-ment

In-con-vé-ni-ent
A-ca-ri-â-tre
In-do-ci-li-té
In-can-des-cen-ce
Ad-mi-ra-ble-ment
Cu-ri-o-si-té
I-ne-xo-ra-ble.

Mots à six sons, ou *six syllabes*
à épeler.

In-con-si-dé-ré-ment
Per-fec-ti-bi-li-té
O-ri-gi-na-li-té
Ma-li-ci-eu-se-ment
As-so-ci-a-ti-on
Va-lé-tu-di-nai-re.

Phrases à épeler.

J'ai-me mon pa-pa.

Je ché-ris ma ma-man.

Mon frè-re est un bon gar-çon.

Ma sœur est bi-en ai-ma-ble.

Mon cou-sin m'a don-né un pe-tit se-rin.

Ma cou-si-ne m'a pro-mis un gâ-teau.

Grand pa-pa doit ap-por-ter un jeu-ne chi-en.

Gran-de ma-man me don-ne-ra pour é-tren-nes un che-val de car-ton.

J'i-rai de-main me pro-
me-ner sur les bou-le-varts
a-vec mes ca-ma-ra-des.

Thé-o-do-re a un beau
cerf vo-lant a-vec le-quel
je m'a-mu-se-rai bien.

La mai-son de ma tan-te
à Vau-gi-rard est très-jo-
lie. Il y a dans la cour un
grand jeu de quil-les.

Mon on-cle Tho-mas a
a-che-té un pe-tit é-cu-
reuil, que je vou-drais bi-en
a-voir pour me di-ver-tir.

Di-man-che je n'i-rai pas
à l'é-co-le ; mon cou-sin
Au-gus-te vi-en-dra me

cher-cher pour al-ler à la pro-me-na-de.

Phrases à épeler.

Il n'y a qu'-un seul Di-eu qui gou-ver-ne le ci-el et la ter-re.

Ce Di-eu ré-com-pen-se les bons et pu-nit les mé-chants.

Les en-fants qui ne sont pas o-bé-is-sants , ne sont pas ai-més de Di-eu, ni de leurs pa-pas et ma-mans.

Il faut fai-re l'au-mô-ne aux pau-vres ; car on doit a-voir pi-ti-é de son sem-bla-ble.

Un en-fant ba-bil-lard et rap-por-teur , est tou-jours re-bu-té par tous ses ca-ma-ra-des.

On ai-me les en-fants do-ci-les ; on leur don-ne des bon-bons.

Phrases à épeler.

Un en-fant doit ê-tre po-li.

Un en-fant bou-deur est ha-ï de tout le mon-de.

Un en-fant qui est hon-nê-te et qui a bon cœur, est ché-ri de tous ceux qui le con-nais-sent.

Le li-on est le roi des a-
ni-maux.

L'ai-gle est le roi des oi-
seaux.

Le lys est le roi des
fleurs ; la ro-se en est la
rei-ne.

L'or est le pre-mier des
mé-taux; il est le plus dur
et le plus ra-re.

La ba-lei-ne est le plus
gros des pois-sons de la
mer.

Le bro-chet est un pois-
son vo-ra-ce , qui dé-truit
les au-tres pois-sons des ri-
viè--res et des é-tangs.

L'hom-me a cinq sens ,
ou cinq ma-ni-è-res d'a-
per-ce-voir ou de sen-tir ce
qui l'en-vi-ron-ne.

Il voit a-vec les yeux.

Il en-tend par les o-
reil-les.

Il goû-te a-vec la lan-gue.

Il flai-re ou res-pi-re les
o-deurs a-vec le nez.

Il tou-che a-vec tout le
corps ; et prin-ci-pa-le-ment
a-vec les mains.

Phrases à épeler.

Les qua-tre é-lé-ments
qui com-po-sent no-tre

glo-be, sont : l'air, la ter-re, l'eau et le feu.

Sans air, l'hom-me ne peut res-pi-rer.

Sans la ter-re, l'hom-me ne peut man-ger.

Sans eau, l'hom-me ne peut boi-re.

Sans feu, l'hom-me ne peut se chauf-fer.

La ré-u-ni-on de ces qua-tre é-lé-ments est donc né-ces-saire à l'hom-me pour vi-vre.

C'est l'air a-gi-té qui pro-duit les vents, qui cau-se les o-ra-ges, les tem-pê-tes, et qui est la sour-ce de mil-le phé-no-mè-nes qui ar-ri-vent jour-nel-le-ment dans l'at-mos-phè-re.

C'est la ter-re qui pro-duit tou-tes les subs-tan-ces vé-gé-ta-les dont l'hom-me se nour-rit, ain-si que les a-ni-maux qui la cou-vrent; c'est au fond de la ter-re qu'on trou-ve le mar-bre, l'or, l'ar-gent, le fer et tous au-tres mé-taux.

LE MAÎTRE CHAT,

OU

LE CHAT BOTTÉ.

CONTE.

Un meûnier ne laissa pour tous biens à trois enfans qu'il avait, que son moulin, son âne et son Chat. L'ainé eut le moulin, le second eut l'âne, et le plus jeune n'eut que le Chat. Ce dernier ne pouvait se consoler d'avoir un si pauvre lot. Mes frères, disait-il, pourront gagner leur vie en se mettant ensemble; pour moi, lorsque j'aurai mangé mon Chat, il faudra que je meure de faim. Le Chat, qui entendait ce discours, lui dit d'un air sérieux : Ne vous affligez point,

mon maître; vous n'avez qu'à me donner un sac et me faire faire une paire
de bottes pour aller dans les brous-
sailles ; alors vous verrez que vous
n'êtes pas si mal partagé que vous
croyez. Quoique le maître du Chat ne
fît pas grand fonds là-dessus, il ne
désespéra pas néanmoins d'en être
secouru dans sa misère. Lorsque le
Chat eut ce qu'il avait demandé, il
se botta ; et mettant son sac à son cou,
il en prit les cordons avec ses deux
pattes de devant, et s'en alla dans
une garenne où il y avait grand
nombre de lapins. Il mit du son et
des lacerons dans son sac, et s'éten-
dant comme s'il eût été mort, il
attendit que quelque jeune lapin,
vînt se fourrer dans son sac, pour
manger ce qu'il y avait mis. A peine.

fut-il couché qu'un jeune étourdi de lapin entra dans son sac, et le maître Chat, tirant aussitôt les cordons, le prit, et le tua sans miséricorde. Tout glorieux de sa proie, il s'en alla chez le roi, et demanda à lui parler. On le fit monter à l'appartement de sa majesté, à qui il dit: Voilà, sire, un lapin de garenne que M. le marquis de Carabas (c'était le nom qu'il prit en gré de donner à son maître) m'a chargé de vous présenter de sa part. Dis à ton maître, répondit le roi, qu'il me fait plaisir. Une autre fois, il alla se cacher dans un champ de blé, tenant toujours son sac ouvert; lorsque deux perdrix y furent entrées, il tira les cordons, et les prit toutes deux. Il alla ensuite les présenter au roi, comme il avait fait du lapin de garenne. Le roi reçut avec plaisir les deux perdrix, et lui fit donner pour boire. Le Chat continua ainsi, pendant trois mois, de porter au roi du gibier de la chasse de son maître. Le roi devant aller à la promenade sur le bord de la rivière, avec sa fille, le Chat dit à son maître : Si vous voulez suivre mon conseil, votre fortune est faite ; vous n'avez qu'à vous baigner dans la rivière, à l'endroit que je vous montrerai, et ensuite me laisser faire. Le marquis de Carabas fit ce que son Chat lui conseillait. Dans le temps qu'il se baignait, le roi vint à passer ; et le Chat se mit à crier : Au secours ! au secours ! voilà M. le marquis de Carabas qui se noie! A ce cri, le roi mit la tête à la portière, et reconnaissant le Chat qui lui avait apporté tant de fois du gibier, il ordonna à ses gardes qu'on allât vite au secours de M. le marquis.

Pendant qu'on retirait le pauvre marquis de la rivière, le Chat s'approchant du carrosse, dit au roi que, dans le temps que son maître se baignait, il était venu des voleurs qui avaient emporté ses habits. Le roi ordonna aussitôt aux officiers de sa garde-robe, d'aller quérir un de ses beaux habits pour M. le marquis de Carabas. Le roi lui fit mille caresses; et comme les beaux habits qu'on venait de lui donner relevaient sa bonne mine, la fille du roi le trouva si fort à son gré, qu'elle en devint amoureuse à la folie. Le roi voulut qu'il montât dans son carrosse, et qu'il fût de la promenade. Le Chat, ravi de voir que son projet commençait à réussir, prit les devants; et ayant rencontré des paysans qui fauchaient un pré, il leur dit : *Bonnes gens qui fauchez, si vous ne dites au roi que le pré que vous fauchez appartient à M. le marquis de Carabas, vous serez tous hachés menu comme chair à pâté.* Le roi ne manqua pas à demander aux faucheurs à qui était ce pré qu'ils fauchaient? C'est à M. le marquis de Carabas, répondirent-ils tous ensemble. Vous avez-là un bel héritage, dit le roi au marquis de Carabas. Vous voyez, sire, répartit le marquis ; c'est un pré qui ne manque pas de rapporter abondamment toutes les années. Le maître Chat, qui allait toujours devant, rencontra des moissonneurs, et leur dit : *Bonnes gens qui moissonnez, si vous ne dites que tous ces blés appartiennent à M. le marquis de Carabas, vous serez tous hachés menu comme chair à pâté.* Le roi, qui passa un moment après, voulut savoir à qui appartenaient tous les blés qu'il voyait ? C'est à M. le marquis de Carabas, répondirent les moissonneurs ; et le roi s'en réjouit encore avec le marquis. Le Chat qui allait devant le carrosse, disait toujours la même chose à tous ceux qu'il rencontrait; et le roi était étonné des grands biens de M. le marquis de Carabas. Le maître Chat arriva enfin dans un beau château, dont le maître était un Ogre, le plus riche qu'on ait jamais vu; car toutes les terres par où le roi avait passé, étaient de la dépendance de ce château. Le Chat eut soin de s'informer qui était cet Ogre, ce qu'il savait faire, et demanda à lui parler, disant qu'il n'avait pas voulu passer si près de son château sans avoir l'honneur de lui faire la révérence. L'Ogre le reçut civilement et le fit reposer. On m'a assuré, lui dit le Chat, que vous aviez le don de vous changer en toutes sortes d'animaux; que vous pouviez, par exemple, vous transformer en lion, en éléphant? Cela est vrai, répondit l'Ogre, et pour vous le montrer, vous m'allez voir devenir lion. Le Chat fut si effrayé de voir un lion devant lui, qu'il gagna aussitôt les gouttières, non sans peine et sans péril, à cause de ses bottes qui ne valaient rien pour marcher sur les tuiles. Quelques instans après, le Chat ayant vu que l'Ogre avait quitté sa première forme, descendit et avoua qu'il avait eu bien peur. On m'a assuré encore, dit le Chat, que vous aviez aussi le pouvoir de prendre la forme des plus petits animaux; par exemple, de vous changer en un rat, en une souris;

je tiens cela tout-à-fait impossible. Impossible! reprit l'Ogre, vous allez voir; et en même temps il se changea en une souris, qui se mit à courir sur le plancher. Le Chat ne l'eut pas plutôt aperçue, qu'il se jeta dessus et la mangea. Cependant, le roi qui vit en passant le beau château de l'Ogre, voulut entrer dedans. Le Chat qui entendit le bruit du carrosse qui passait sur le pont-levis, courut au devant, et dit au roi : Que votre majesté soit la bien venue dans ce château de M. le marquis de Carabas! Comment, M. le marquis, s'écria le roi, ce château est encore à vous? Il ne se peut rien de plus beau que cette cour, et que tous ces bâtimens qui l'environnent; voyons - les dedans, s'il vous plaît. Le marquis donna la main à la jeune princesse, et suivant le roi qui montait le premier, ils entrèrent dans une grande salle où ils trouvèrent une magnifique collation, que l'Ogre avait fait préparer pour ses amis qui le devaient venir voir ce même jour-là, mais qui n'avaient pas osé entrer, sachant que le roi y était. Le roi charmé des bonnes qualités de M. le marquis de Carabas, de même que sa fille qui en était folle, et voyant les grands biens qu'il possédait, lui dit, après avoir bu cinq ou six coups : Il ne tiendra qu'à vous, M. le marquis, que vous ne soyez mon gendre. Le

LE CHAT BOTTÉ.

marquis, faisant de grandes révé-
rences, accepta l'honneur que lui
faisait le roi; et dès le jour même,
il épousa la princesse. Le Chat devint
grand seigneur, et ne courut plus
après les souris que pour se divertir.

L'industrie et le savoir-faire valent
souvent mieux que les biens acquis.

FIN DU CHAT BOTTÉ.